だれもが読書を楽しめる世界へ

りんごの棚と読書バリアフリー 3

読みやすい本を広めよう！

監修
NPO法人ピープルデザイン研究所

りんごプロジェクト
RINGO project.

はじめに

　本を"読む"ことは、だれにとっても必要です。さまざまな情報や学びを得ることで、考える力や生きる力を身につけることができます。また自分の可能性を広げたり、生活を豊かにしたり、将来の選択肢をふやすことにもつながります。

　しかし、世の中にはさまざまな理由で本を"読む"ことがむずかしい人がたくさんいます。そのような人も自分にあった方法で本を"読む"ことを楽しめる世の中にするためには、どうしたらよいのでしょうか？　じつは、いまいろいろなカタチで"読む"ことができる本がふえてきているのですが、多くの人がそのことを知りません。

　まずこの本を読んで、あなたにも「りんごの棚」からはじまる読書バリアフリーの世界を知ってほしいと思います。そして、なにができるのかをいっしょに考えてみませんか。

　子どもにも、おとなにもできることがたくさんあります。わたしたちにできることを、いっしょにやっていきましょう。

NPO法人ピープルデザイン研究所

りんごプロジェクト
RINGO project.

佐藤　聖一　　古市　理代　　佐伯　美華

もくじ

- りんごの棚をつくってみよう！ 4
- 見てみよう！ りんごの棚ができるまで 6
- りんごの棚のつくり方①
  バリアフリー図書を体験する 10
- りんごの棚のつくり方②
  計画を立てる 14
- りんごの棚のつくり方③
  バリアフリー図書を入手する 16
- りんごの棚のつくり方④
  りんごの棚を設置する 20
- りんごの棚のつくり方⑤
  りんごの棚を広める 24
- りんごの棚のつくり方⑥
  りんごの棚の経験をつぎにつなげる 26
- だれもが読書を楽しめる世界のために
  一人ひとりができること 30
- 外国で行われている
  読書バリアフリーのとりくみ 32
- りんごの棚づくりに役立つ情報 33
- りんごの棚からはじまる
  インクルーシブ社会 35

この本の使い方

たなりんごちゃん

たなりんごちゃんは、りんごの棚やバリアフリー図書について、人に教えてあげるのがすきなようせいで、からだの形を自由に変えられます。上のマークのあるコーナーでは、実際に考えたりやってみたりするときのヒントや、くわしい情報を教えてくれます。

じぶんに　あった　ほんを　さがそう

左の絵を「ピクトグラム」といいます。年れいや言葉のちがいに関係なく、だれが見てもわかりやすい絵記号のことです。この本オリジナルのピクトグラムが、使われているページがあります。

この本の最後にはりんごの棚の活動アイデアがついています。

登場人物しょうかい

ヒロ
サッカーが得意。
マンガがすき。

ハルト
工作が得意。文字が多い本を読むのが苦手。

カナ
絵をかくのが得意。
物語がすき。

ケン
ピアノの演奏が得意。
視力（見る力）があまりよくない。

ユーリ
料理が得意。外国から引っこしてきたばかり。

りんごの棚をつくってみよう！

紙にかかれた文字を読むのがむずかしい人たちは、自分にあったバリアフリー図書（アクセシブルな図書）をえらんで、いろいろな形で読書をしていたね（→1巻）！

ヒロ
ハルト
カナ
ケン
ユーリ

そして、いろいろな工夫がされたバリアフリー図書があることを知ったよ（→2巻）。

バリアフリー図書の数がふえて広まっていけば、だれもが自分にあった方法で読書を楽しめるね！

見てみよう！
りんごの棚ができるまで

りんごの棚を設置しようとしている学校図書館や公共図書館、バリアフリー図書（アクセシブルな図書）について学ぶ学校が少しずつふえているよ。りんごの棚はどうやってできていくのかを、見てみよう。

きっかけはいろいろ！

横浜市立
幸ケ谷小学校（神奈川県）
のみんな

> 幸ケ谷小のりんごの棚は、6年生が社会科の授業で、政治や法律が町や人々のくらしをどうかえるかを学習していたときに、目が見えない人やりんごプロジェクト（→2巻）さんに話を聞いたことがきっかけ！

> 総合的な学習の時間で布の絵本をつくろうとしていたときに、学校図書館の司書さんから、布の絵本もバリアフリー図書のひとつだと教えてもらったよ。

> 実は青木小にはすでに、りんごの棚があります。授業で布の絵本をつくると知ったとき、りんごの棚やバリアフリー図書を子どもたちにもっと知ってほしいと思い、伝えました。

横浜市立
青木小学校（神奈川県）のみんなと
学校図書館の司書さん

1 バリアフリー図書を体験する　→10ページ

横浜市立青木小学校でのバリアフリー図書の体験会

2 計画を立てる　→14ページ

3 バリアフリー図書を入手する　→16ページ

4 りんごの棚を設置する　→20ページ

横浜市立幸ケ谷小学校のりんごの棚

横浜市立青木小学校のりんごの棚

7

5 りんごの棚を広める
→ 24 ページ

6 りんごの棚の経験をつぎにつなげる
→ 26 ページ

横浜市立幸ケ谷小学校のリーディングトラッカー（→2巻）づくり体験会。リーディングトラッカーは、読書をしやすくする道具のひとつ。

学校だけでなく、公共図書館にも
りんごの棚は広がっているよ。

N.I さん
（豊島区立中央図書館）

つくろうと思ったきっかけを教えてください。

2018年に、オーテピア高知声と点字の図書館（高知県）を見学し、だれひとり読書からとり残されることがない図書館サービスの必要性を考えるようになりました。2019年に読書バリアフリー法（→1巻）ができて、りんごの棚の計画を立てはじめたとき、新型コロナウイルス感染症拡大防止のため図書館が休館になりました。そこから、だれもがいつでも読書を楽しめる環境を整えるために、りんごの棚の設置を実現させたいと強く思うようになりました。

2020年に、豊島区は内閣府から「SDGs未来都市」に選定され、りんごの棚とSDGsの「だれひとりとり残さない」という理念がむすびつくことから、巣鴨図書館にりんごの棚を設置しました。翌年、中央図書館にも設置し、区内のほかの図書館でも設置が進んでいます。

りんごの棚をつくってみて

豊島区立図書館（東京都）の職員さんに、お話を聞いてみたよ！

 りんごの棚を置いて、気づいたことやこれからのことを教えてください。

りんごの棚は赤ちゃんから高齢者、障がいのある方、外国につながりがある日本語を母語としない方など、さまざまな方が利用してくださるとわかりました。「新聞で中央図書館にりんごのたながあることを知って、とても勇気づけられた」と話してくださった方の言葉はわすれられません。本当に必要とする人へ情報が届くことを大切にしたいと思い、特別支援学級の先生と話しあい、各学級にあわせた「りんごのたな」貸し出しセットをつくれないかと考えています。

豊島区立中央図書館（東京都）のりんごの棚。だれにでもわかりやすいように、豊島区立中央図書館のりんごの棚の表記は、「たな」とひらがなにしている。

 りんごの棚づくりで大切なことを教えてください。

本を読む楽しみは、すべての人に開かれています。けれども、いろいろな理由で紙に印刷された本を読むことがむずかしい人がいます。その読書のバリアをとりのぞくために、りんごの棚にはいろいろな種類のバリアフリー図書が用意されています。まずは、みなさんがいろいろな読み方があることを知って、自分にあった読み方で自由に読書を楽しんでください。その経験からわかったことや考えたことを家族や地域の人などに広めて、りんごの棚をみんなで大きく育てていけるといいですね。

豊島区立中央図書館のりんごのたなの「トライアル・ステップアップのたな」。バリアフリー図書の種類をふやす目的で設置した。図書館の中央に置くことで、年れいや障がい、国籍にかかわらず、だれでも自由にバリアフリー図書が利用できることをまわりに効果的に伝えている。

ぼくたちも、学校でりんごの棚をつくってみよう！

りんごの棚のつくり方 1

バリアフリー図書を体験する

町の図書館

町の図書館にあるりんごの棚や、バリアフリー図書のコーナーに行ってみよう。

バリアフリー図書や点字の体験会を開いている公共図書館もあるよ。

バリアフリー図書にくわしい人にお話を聞いてもいいね！

渋谷区立神南小学校（東京都）の子どもたちは、りんごプロジェクト（→2巻）に手紙を送った（→28ページ）。

体験会

バリアフリー図書（アクセシブルな図書）を実際に体験することは、みんながどんなりんごの棚をつくりたいかを考えるときに役立つよ。町の図書館で、バリアフリー図書を読んでみよう。

バリアフリーとしょを

としょかんで

よんでみよう。

10

❶ 調べる

町の図書館のウェブサイトで、図書館にバリアフリー図書が置いてあるかを調べよう。音声デイジー（→2巻）のように、利用がかぎられているものもあるから、図書館に相談してね。

点字つき絵本（→2巻）を体験してみたいのですが、どうしたらいいですか？

そうしましたら……。

> バリアフリー図書だけでなく、社会科で学ぶ福祉など、関連するテーマもいっしょに調べてみてね。

❷ 体験する

バリアフリー図書を読んでみよう。そのバリアフリー図書が、どのような人に「読みやすい、わかりやすい」のかも考えよう。

LLブック（→2巻）のピクトグラムはおもしろいね！

> 実際に体験すると、紙にかかれた文字を目で読む読書以外にも、いろいろな形の読書があるんだと実感できるよ。

❸ まとめる

読んでみた感想や、自分がやってみたいと思うことを考えて、ノートやパソコン、タブレットなどでまとめよう。

> 最初は、読んでみて「すきだ、いいな」と思った本を紹介するのでもいいね（→1巻）。

体験会に参加してみよう！

八潮市立大瀬小学校（埼玉県）での体験会

りんごプロジェクトさんから、紙の本を読むことがむずかしい人がいることや、いろいろなバリアフリー図書について、お話を聞くんだって！

体験会に必要なバリアフリー図書は、公共図書館からも貸してもらったんだって！バリアフリー図書についてわからないことは、りんごプロジェクトさんに教えてもらいながら体験できるよ。

東京都立日野高校（東京都）での体験会

日野高校の図書委員さんは、りんごの棚やバリアフリー図書を広める活動の大切さを知って、学校内や外の人に向けてできることがないかを話しあっているんだって！

りんごプロジェクト(→2巻)は、学校や図書館、福祉やスポーツなどのイベントで、バリアフリー図書(アクセシブルな図書)の体験会を開いているよ。3つの例を見てみよう。

超福祉の学校イベントの体験会

超福祉の学校

障がいのあるなしにかかわらず、すべての人がともに学び生きる社会の実現をめざすイベント。NPO法人ピープルデザイン研究所と文部科学省、渋谷区ほかの共催で、2018年より渋谷(東京都)で行われている。

りんごプロジェクトさんの展示では、バリアフリー図書やリーディングトラッカー、バリアフリーなおもちゃなどを体験できるよ。

スウェーデン※の図書館司書さんと、りんごの棚を設置した日本の図書館司書さん、りんごプロジェクトさんで、だれもが読書を楽しめる社会について話しあったよ!

体験会に参加した人に感想を聞いてみたよ!

いろいろな形の本があることを知り、目が見えなくても本を楽しめる方法に気づきました。

子ども

マルチメディアデイジー(→2巻)などを、実際に見て体験できてよかったです。必要な生徒に教えてあげられたらと思いました。

先生

※りんごの棚はスウェーデンで発祥しました。

計画を立てる

りんごの棚のつくり方 2

先生、りんごの棚をつくるには、まず何をすればいいですか？

学校図書館にバリアフリー図書がないか調べてみよう。

学校図書館の司書さんがくわしいから、相談していっしょに考えてみよう。

バリアフリー図書（アクセシブルな図書）を実際に体験して、自分たちの学校図書館にどんな本を置きたいのかなど、みんなで計画を立ててみよう。計画の立て方がわからないときは、先生や学校図書館の司書さんに相談してみてね。

けいかくしょを

かこう。

❶ 話しあう

学校図書館にバリアフリー図書や、障がい・読書バリアフリーを理解するための本などがあるか調べよう。つぎに、りんごの棚を学校図書館に設置するために、右のようなことについて話しあい、計画を立てよう。

・学校のどこにりんごの棚を置く？
・置きたいバリアフリー図書は？

> バリアフリー図書とよばれていない本の中にも、バリアフリー図書のように、写真や絵が多くて文字の少ない本があるよ。

❷ 先生や司書さんに相談する

話しあったことをノートやタブレットなどでまとめたら、先生や学校図書館の司書さんに見せて相談しよう。

> 大きな文字でかかれた本や写真絵本があるので、ならべるといいですよ。

写真は横浜市立幸ケ谷小学校（神奈川県）の子どもたちがわたした、学校図書館の司書への協力をお願いする手紙。

> 「りんごの棚をつくりたい」「こんな本を置きたい」という思いを伝えて、自分たちにできることがないか聞いてみるといいよ。アドバイスがもらえて、具体的な計画が立てられるよ。

りんごの棚のつくり方 3

バリアフリー図書を入手する

「町の図書館に相談してみるのはどうかな？」

「バリアフリー図書を入手するための2つの流れを紹介するよ。」

「ほかに入手する方法はありますか？」

「インターネットでバリアフリー図書をさがしてみよう！」

計画を立てたら、インターネットを使ったり、町の図書館に聞いたりして入手方法や、りんごの棚に置きたいバリアフリー図書（アクセシブルな図書）をえらぶよ。調べたら、先生や学校図書館の司書さんに伝えよう。

インターネットや

としょかんから

バリアフリーとしょを

てにいれよう。

① 調べて表にまとめる

①-②

バリアフリー図書ごとに、いろいろな入手方法があるんだ。
まずは、町の図書館のウェブサイトなどを調べて、15ページで話しあいを
したバリアフリー図書の入手方法について表にまとめてみよう。

> 2巻にはバリアフリー図書の入手方法をまとめたものがあるから、参考にしてね。

ヒロたちが置きたいバリアフリー図書の入手方法を調べた結果

置きたい本	図書館で借りられるか	インターネット上でダウンロードできるか	書店や電子書店、ショッピングサイトで買えるか
大活字本	○	×	△ 置きたい本のうち、買えるものと買えないものがあった。
LLブック	○	×	△ 置きたい本のうち、買えるものと買えないものがあった。
点字の本、点字つき絵本	○	△ 点字の本は、みなサーチやサピエ図書館に利用登録している人や図書館は、ダウンロードできる。	△ 置きたい本のうち、買えるものと買えないものがあった。
布の絵本、さわる絵本	△ 置きたい本のうち、借りられるものと借りられないものがあった。	×	△ 置きたい本のうち、買えるものと買えないものがあった。
デイジー資料	△ 読書に困難がある人として利用登録をしていれば借りられる。	△ みなサーチやサピエ図書館に利用登録している人や図書館は、ダウンロードできる。	×
映像資料	○	×	△ 置きたい本のうち、買えるものと買えないものがあった。
いくつかの言語でかかれた絵本	○	△ 置きたい本のうち、ウェブサイトで見られるものと見られないものがあった。	△ 置きたい本のうち、買えるものと買えないものがあった。

17

自分がくらす町の図書館に置きたい本がなかった場合は、つぎの2つのウェブサイトからさがしてみよう。近くの公共図書館になくても、とりよせてもらえる可能性があるよ。

① 国立国会図書館「みなサーチ」

https://mina.ndl.go.jp/

目の見えない人や本をうまく持てない人など、いろいろな理由で紙の本を読むのがむずかしい人が、利用しやすい形のバリアフリー図書をさがせる国立国会図書館の検索サービス。

詳細検索では、さまざまな資料を下の分類ごとにさがせる。

- **デイジー(DAISY)資料**
- **点字資料**
- **映像資料** バリアフリー字幕つき／音声ガイドつき映像資料
- **録音資料** オーディオブックやカセットテープなど
- **冊子体資料** 大活字本・拡大写本、LLブック、布の絵本・さわる絵本
- **テキストデータ** 電子書籍(EPUB形式)やプレーンテキストデータなど※

※ EPUB形式やプレーンテキストデータは、電子データの一種。保存形式などのちがいから、さまざまな種類の電子データがあります。

② サピエ図書館

https://www.sapie.or.jp

紙にかかれた文字を読むのがむずかしい人などに対して、本の内容を点字や音声データなどで提供するインターネット上のサービス。点字の本や、本の内容を読み上げるデイジー資料(→2巻)などの録音資料をさがせる。

入手方法を調べていたら点字の本や音声デイジー(→2巻)は多いけれど、それ以外のバリアフリー図書は数が少ないことがわかったよ。

日本は、まだバリアフリー図書の数が多くないんだ。だれもが読書を楽しめるようにするにはどうしたらよいか、出版社や作家、図書館、国が話しあっているよ!

紙にかかれた文字を読むのがむずかしい人は、みなサーチやサピエ図書館に個人で利用登録をすると、点字データやデイジー資料を図書館から借りることができるよ。

18

② 先生や学校図書館の司書さんに相談する

町の図書館にあるLLブック（→2巻）の『○○』を学校に貸してほしいのですが……。

すでに学校にある本の中にも、りんごの棚に置きたい本や、希望に近い本があるかもしれないから、17ページでつくった表を先生や学校図書館の司書さんにわたしてアドバイスをもらおう。

地域によっては、学校図書館の司書さんが、みんなの希望を参考に町の図書館に問いあわせて、本をさがしてくれるかもしれないよ。

 学校で買える本の冊数にはかぎりがあるから、一度にすべて買うことはできないよ。活動をつづけていく間に、少しずつふやす方法を考えてみよう。

学校図書館の司書さん

もっと知りたい！
調べた入手方法は大切な情報

バリアフリー図書の入手方法は、多くの人が知らない情報です。必要としている人に届くように、バリアフリー図書の紹介とあわせて、かべ新聞にして掲示したり、プリントにまとめて家族や友だちに配ったりしてもよいでしょう。

りんごの棚を設置する

りんごの棚のつくり方 4

1年生でも手にとれるよう、りんごの棚のコーナーは低い本棚でつくろうよ。

りんごの棚は見つけやすいところに置きたいね。

ピクトグラムを使った学校図書館の案内や、オリジナルの布の絵本をつくって、みんなに紹介してもいいね！

バリアフリー図書（アクセシブルな図書）を入手したら、学校図書館にりんごの棚を設置するよ。使いやすいりんごの棚にするにはどうしたらいいか、考えながらやってみよう！

つかいやすい　としょかんと　りんごのたなを　つくろう。

① 使いやすいりんごの棚を考える

1-2-3

だれもが使いやすいと感じるりんごの棚をつくるにはどうしたらいいのか、下のチェック表を使って、自分たちの学校図書館を見て考えてみよう。

チェックがつかなかったところをなおすことは、自分たちらしいりんごの棚づくりのヒントになるよ。また、使いやすい図書館づくりにもつながるね。

本棚と本棚の間の通路

- ☐ 通路にものがはみ出していないか
- ☐ 通路にごみが落ちていないか

読書をしやすくする道具

- ☐ ルーペ（→2巻）はあるか
- ☐ リーディングトラッカー（→2巻）はあるか

本の置かれ方

- ☐ 本の表紙が見えるようにならんでいるか
- ☐ ジャンルごとに本がならんでいるか
- ☐ 片方の手だけで、簡単に本をとり出せるようになっているか
- ☐ 背が低い人などでも手が届きやすくなっているか

利用案内や掲示物など

- ☐ 学校図書館の使い方や本の借り方などをまとめた利用案内や掲示物はあるか
- ☐ やさしい文章や、ピクトグラム（絵記号）を使ってわかりやすく表示できているか
- ☐ 利用案内や掲示物の説明文にふりがなはついているか
- ☐ 掲示物やパンフレット、小冊子の文字は太字で大きくかかれているか

ぼくたちの学校図書館には、リーディングトラッカーがなかったよ。

学校図書館の利用案内は、低学年にはむずかしいかも……。

② 道具や掲示物などをつくる

1—**2**—3

21ページのチェック結果を参考に、りんごの棚やバリアフリー図書を説明する掲示物、読書をしやすくする道具をつくろう。また、オリジナルのバリアフリー図書をつくって、自分たちの学校図書館ならではのりんごの棚にしてもいいね。

ピクトグラムつきの利用案内

用意するもの
紙、筆記用具（またはパソコン）

つくり方
① 学校図書館を使うときの決まりや、貸し出しと返却の方法などを文章にまとめる。
② ピクトグラムを自分たちで考え、紙にかく。

参考URL
『誰にでもわかりやすいLL版利用案内「ようこそ図書館へ」』
（元近畿視覚障害者情報サービス研究協議会 LLブック特別研究グループ制作、掲載ウェブサイト：日本図書館協会）
https://www.jla.or.jp/committees/lsh/tabid/1008/Default.aspx

ピクトグラムは、上の二次元コードを参考に考えるといいよ。

見本例

リーディングトラッカー

用意するもの
自分が見やすいと感じる色のクリアファイル、油性ペン、マスキングテープ、読みたい本、はさみ

つくり方
① 横3センチメートル、縦18センチメートルの長方形になるよう、油性ペンでクリアファイルに印をつけたら、はさみで切る。
② 左右にそれぞれ1センチメートル幅になるよう、マスキングテープをはる。
③ 四すみを丸く切って、できあがり。

横浜市立幸ケ谷小学校（神奈川県）の子どもたちがつくったリーディングトラッカー。読書になれていない低学年の中には、りんごの棚にあるリーディングトラッカーを使って読む子もいる。

オリジナル布の絵本

用意するもの
布（フェルト）、糸、型紙、トレーシングペーパー

つくり方
① どんな絵本にしたいか考え、紙にかいてみる。
② 材料や道具をそろえる。
③ 型紙をつくり、それにあわせてフェルトを切る。
④ 土台になる布にぬいつける。
⑤ 穴をあけてつなぎ、本の形にする。

横浜市立青木小学校（神奈川県）の子どもたちは、高齢者や幼児向けの布の絵本と、布のおもちゃをつくることにした。写真は、高齢者向けに和菓子をテーマにした布の絵本をつくっているところ。

 先生や学校図書館の司書さんと相談して、布の絵本づくりにくわしい人につくり方を聞いてみるといいよ。

 Know! もっと知りたい！

オリジナルのバリアフリー図書をつくるときに気をつけたいこと

いろいろな理由で紙にかかれた文字を読むのがむずかしい人が利用する目的以外では、著作物を許可なくコピーすることは著作権法で禁止されています。バリアフリー図書をつくるときは、自分たちでお話を考えましょう。

③ 本棚にならべる

１-２-**③**

バリアフリー図書や読書をしやすくする道具を、本棚にならべるよ。棚のスペースがなければ、机にならべてもいいね。わかりやすいポップやポスターなども展示しよう。

学校図書館でりんごの棚のシンボルマークを使いたいときは、りんごプロジェクトのホームページ（→36ページ）から、ダウンロードできるよ※。

展示のアイデア

ひらがなでかくといいね！

● １年生でも読めるように！

● 本の表紙が見えるようにならべる！
● シンボルマークでアピール！

背表紙にマークをはると、本をもどす目印になっていいね。

りんごの棚の展示写真：横浜市立大道小学校（神奈川県）

※シンボルマークを使ってつくったものを販売することは、禁止されています。

りんごの棚を広める

りんごの棚のつくり方 5

「図書館だよりや
かべ新聞で宣伝しよう！」

横浜市立幸ケ谷小学校
（神奈川県）の図書館だより

「りんごの棚が
できました！」

「給食の時間でも、
放送で広めて
もらえないかな？」

りんごの棚を設置したら、学校図書館にりんごの棚ができたことをみんなに伝えよう。宣伝の方法を考えて、家族など学校外の人にも知ってもらえるといいね。

りんごのたなを　　みんなに　　しらせよう。

❶ 学校内の人に宣伝する

ポスターなどの掲示物をつくって、りんごの棚やバリアフリー図書の内容を紹介しよう。パンフレットや小冊子、動画などをつくって、みんなに知らせてもいいね。

> 給食の時間に流れる放送や朝の集会で発表する方法もあるね。ほかの方法もみんなで考えてみよう。

横浜市立幸ケ谷小学校には、りんごの棚にりんごプロジェクト（→2巻）の小冊子が設置されている。

❷ 学校外の人に宣伝する

家族や町の人に知ってもらうためにはどうしたらいいか、みんなで宣伝方法を考えてみよう。
校門の近くにポスターをはったり、地域のお祭りで宣伝したり、いろいろな方法がありそうだね。

学校のホームページやブログで、りんごの棚をつくったと発信するのはどう？

りんごの棚のパンフレットを、家族にわたして教えてあげよう！

学級だよりにのせてもらえないか、先生に相談しようよ。

りんごの棚の経験をつぎにつなげる

オリジナルの布の絵本をつくって、町の図書館や高齢者施設、幼稚園などへプレゼントできたらいいな。

リーディングトラッカーのつくり方を覚えたから、ほかの友だちにも教えてあげよう。

りんごの棚の完成は、「読書バリアフリー」（→31ページ）やバリアフリー図書（アクセシブルな図書）について、多くの人に知ってもらうための、はじめの一歩なんだ。完成後も、だれもが必要な本や情報を、自由に手に入れられるように、自分たちで活動をつづけていくことが大切だよ。

りんごのたなで　しったことを　 いかそう。

多言語の電子絵本でいろいろな国の言葉を勉強して、学習発表会で読み聞かせをしてみたいな！

ふだんから図書館などに行って、読書バリアフリーやバリアフリー図書にかんする情報を集めておくと、つぎの活動に役立つよ。

1 つぎの活動を決める

りんごの棚を設置できたら、設置してみた感想や、このあと、りんごの棚を使ってどんな活動をしてみたいか話しあおう。

2 活動する

話しあったことをもとに、計画書をつくり活動を進めよう。ここでは3つの活動例を紹介するよ。

 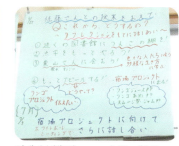

読書ビンゴは、テーマにそった本を読むとマスをうめることができるゲーム。横浜市立幸ケ谷小学校（神奈川県）で「読書ビンゴ」をするときは、かならずりんごの棚にある本を入れる。

幸ケ谷小学校では、地域の行事などで、りんごの棚を地域の人に伝える活動を行っている。2024年度には、りんごプロジェクトの体験会で学んだ子どもたちが、バリアフリー図書の紹介パンフレットをつくり、地域の行事で配ることにした。

横浜市立本牧南小学校（神奈川県）のブックフェスタは、地域の人をまねいて、りんごの棚をはじめとした、本牧南小の学校図書館のよさを紹介する行事。おとなから園児まで幅広い年代の人が訪れる。

広がるりんごの棚と読書バリアフリー

りんごの棚を設置した場所、バリアフリー図書を広める活動をしている団体を紹介するよ。

横浜市立大道小学校（神奈川県）

「見てもさわっても楽しいりんごの棚にしたい」という思いから、布で多くの展示物をつくっています。また、マルチメディアデイジー（→2巻）が体験できるように用意されています。本を読むのが苦手だった子の中には、りんごの棚がきっかけで読書になれていき、半年後には小説が読めるようになった子もいます。

布でできた展示物 / マルチメディアデイジー

横浜市立本牧南小学校（神奈川県）

学校図書館がきっかけではじまった「シトりんプロジェクト」は、「学校・家庭・地域の和」を大切にしながら、こころやからだの特性・環境に関係なく、だれもが本などの情報に親しみ、未来をよりよいものにする本牧南小独自の活動です。全校児童の投票で決まったマスコットキャラクター「シトりん」や、子どもたちの手づくりポップなど、子どもたちが協力しながらりんごの棚を広めています。

渋谷区立神南小学校（東京都）

2023年、4年生の1クラスが総合的な学習の時間を使って、担任の先生からりんごプロジェクト（→2巻）の活動を教わりました。もっと知りたいと思った子どもたちが、りんごプロジェクトに手紙を出し、バリアフリー図書についてくわしく教えてもらいました。そこから、りんごの棚の本をえらんでならべ、紹介ポップをつくるまで、子どもたちが中心となってりんごの棚をつくりました。

三重県国際交流財団

多言語による絵本の読み聞かせは、両親またはどちらかの親が日本以外の国から来た「外国につながる子どもたち」にとって、母語と日本語を大切にする気もちをもつことにつながります。三重県国際交流財団は、絵本の読み聞かせにかかわるさまざまな立場の人を対象に、「はじめての多言語読み聞かせハンドブック」をつくり、多言語での読み聞かせ活動を広げています。

練馬区立図書館（東京都）

練馬区立図書館では、手話つきおはなし会など、障がいのあるなしにかかわらず、おとなから子どもまで楽しめるイベントも開かれています。また、点字つき絵本や大活字本、布の絵本を集め、すべての子どもが読書を楽しめるりんごの棚を設置している図書館もあります。

新宿区立戸山図書館（東京都）

戸山図書館では、目が見えないなど、紙の本を読むのがむずかしい人のためのサービスを長年行ってきました。区内の障害児施設や福祉作業所を訪問して、おはなし会やマルチメディアデイジー、LLブック（→2巻）などを紹介する活動をつづけています。写真はマルチメディアデイジーの体験会をしているところです。

だれもが読書を楽しめる世界のために一人ひとりができること

日本では、バリアフリー図書(アクセシブルな図書)が少しずつふえているけれど、それでもまだだれもが満足して読書を楽しめているとはいえないんだ。
だれもが読書を楽しめる世界にするには、学校にりんごの棚をつくるほかに、一人ひとりからはじめられることがあるよ。

読書バリアフリーのとりくみははじまったばかり

すべての人が、知りたいと思ったときに必要な本や情報を自由に入手できることを、「読書バリアフリー」といいます。2019年に日本で読書バリアフリー法（→1巻）ができて以来、読書バリアフリーへのとりくみは少しずつ広がっていますが、まだまだこれからです。

だれもが読書を楽しめる世界をつくるはじめの一歩として、このシリーズを読み、りんごの棚やバリアフリー図書のことを知った一人ひとりが、おとなから子どもまでいろいろな人に伝えていくことが大切です。

本の内容を読み上げてくれるマルチメディアデイジーって知ってる？

おじいちゃん、文字のサイズが大きく印刷されている、大活字本はどう？

図書館で布の絵本を借りてきたよ。いっしょにあそぼう！

もっと知りたい！ 公共図書館のりんごの棚と役割

公共図書館にあるりんごの棚の目的は、地域の人々がいろいろな形の本を知って、自分にあった本を見つけてもらうことにあります。また、いろいろな理由で図書館に来られない人にその存在を知ってもらい、本の継続利用につなげることも大切です。また、バリアフリー図書を学校図書館に貸して、授業などで活用してもらうことで、子どもたちにいろいろな読書の形があることを知ってもらいます。

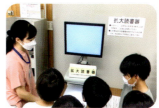

横浜市立本牧南小学校（神奈川県）の子どもたちが横浜市中図書館（神奈川県）を見学したときのようす。本牧南小学校の図書委員会が中心となってりんごの棚を学校につくろうとしたとき、中図書館から100さつ以上のバリアフリー図書を借りた。

外国で行われている読書バリアフリーのとりくみ

だれもが読書を楽しめる世界をめざして、外国ではいろいろなとりくみがされているよ。

Open eBooks サービス（アメリカ）

Open eBooksサービスは、アメリカの大統領官邸（ホワイトハウス）が主導し、2016年にたちあげた子ども向けの電子図書館アプリ。Open eBooksサービス内の電子書籍は、低所得層の家庭にかぎり、未就学児から高校生までの子どもならすべて無料で読める。

> スマホにダウンロードして読めるんだって！

やさしく読める図書センターのとりくみ（スウェーデン）

りんごの棚が生まれた国、スウェーデンは移民※が多く、いろいろな言語を使う人がいるため、すべての公共図書館にりんごの棚がある。多言語の本の数も多く、国の機関である「やさしく読める図書センター」では、LLブックのほかに、スポーツや文化などのニュースを8ページにわかりやすくまとめた新聞「8sidor」を週に一度発行している。

※移民は、元々住んでいた場所をはなれて、別の土地でくらす人です。

> 8sidorは紙の新聞だけでなく電子版もあるんだって！

> 日本でも、読書バリアフリー法が2019年に制定されているよ（→1巻）。

欧州アクセシビリティ法（ヨーロッパ各国）

EU（欧州連合）に加盟しているヨーロッパの国々で販売される製品が、障がいのあるなしにかかわらずだれでも使えるようにすることを義務づける法律。2025年6月から施行される。法律の施行に向けて、ヨーロッパでは、音声読み上げ機能がついたアクセシブル（だれもが使える）な電子書籍の普及が進められている。

もっと知りたい！ Know!

世界各国がめざすインクルーシブ社会

インクルーシブ社会とは、人種や年れい、性別、価値観、障がいなどのちがいをすべての人がみとめあい、そのちがいをいかせる社会です。

そもそもインクルーシブという考え方は、国際連合教育科学文化機関（ユネスコ）が1994年に出した、「サラマンカ宣言」からはじまりました。この宣言で、障がいなどのちがいにかかわらず、すべての子どもがいっしょに学ぶ権利があることが発表されました。その後、世界各国でインクルーシブ社会をめざした活動が行われるようになりました。

りんごの棚づくりに役立つ情報

読書をしやすくする道具や、オリジナルのバリアフリー図書をつくるときに参考になる本やウェブサイトを紹介するよ。りんごの棚をつくるときや、読書バリアフリーの学習の参考にしてね。

本

『点訳絵本のつくり方〈増補改訂第4版〉』※
（岩田美津子著、せせらぎ出版、2015）

てんやく絵本とは、元となる絵本の上に後から点字を打ったとうめいシートや、絵の形に切りぬいたとうめいシートをはったもの。見え方に関係なく楽しめるてんやく絵本のつくり方を紹介している。

※2024年11月時点の情報です。

LLマンガ『つたえたい きもち』
（津島つしま著、吉村和真・藤澤和子（LLマンガ研究会）監修、樹村房、2023）

同じ内容のマンガを、読みやすくする工夫をした「LL版」と、「従来版」の2種類が掲載されている。「わかりやすさは人によってちがう」ことに気づく1さつ。

『図書委員アイデアブック』
（吉岡裕子、村上恭子監修、あかね書房、2019）

図書委員が、委員会活動を行うときの参考になるアイデアがたくさんのっている。具体的な情報がのっているため、ポップや展示、パンフレットなどをつくるときに役立つ。

『「ちがい」ってなんだ？障害について知る本』
（井筒節・飯山智史・町田紘太監修、殿ヶ谷美由記マンガ制作、Gakken、2021）

「障がいは個人にあるのではなく、社会の環境にある」といった障がいの考え方を、マンガや図解でわかりやすく解説。障がいと多様性の理解を深める。

左：『一人ひとりの読書を支える学校図書館』
（野口武悟編著、読書工房、2010）

右：『多様性と出会う学校図書館』
（野口武悟・成松一郎編著、読書工房、2015）

いろいろな理由で読書に困難を感じている子どもたちの読書環境をささえる、学校図書館のとりくみや資料活用例などを紹介している。巻末には、それぞれのテーマにあわせたブックリストなどがついている。

『世界のバリアフリー児童図書－IBBYによる選定図書－』
（日本国際児童図書評議会制作、隔年発行）

国際児童図書評議会（IBBY）は、世界中のバリアフリー図書を収集・選書し、ブックカタログにまとめている。この冊子はIBBYの日本支部である日本国際児童図書評議会（JBBY）が翻訳したもの。

ここで紹介した本やウェブサイトには、おとな向けのものもあるよ。おとなといっしょに読んでみてね。

ウェブサイト

埼玉福祉会
やさしくよめる本LLブック
https://www.saifuku.com/shop/llbook/index.html

LLブックについて、わかりやすく説明したウェブサイト。りんごの棚づくりに役立つ資料のダウンロードもできる。

ようこそ　バリアフリー絵本の世界へ
https://www.bf-ehon.net/

バリアフリー絵本の情報交流ネット。バリアフリー絵本のブックリストや、バリアフリー絵本の楽しみを広げてきた人・団体などを紹介。全国で開催されているバリアフリー絵本に関するイベントやニュースを掲載している。

よこはま布えほんぐるーぷ
https://yokohamanunoehon-group.jimdofree.com/

障がいのある子どもにも絵本やおもちゃの楽しさを伝えたいと、布えほん、布おもちゃの制作と無料貸し出しをしている。また、公共施設へ布えほん、布おもちゃの販売、講演会も行っている。

全国手をつなぐ育成会連合会
http://zen-iku.jp/booklist

1952年に設立された、知的障がい者の権利を守り、政府への政策に対して提言する団体。知的障がい者や家族に向けた本も発行している。

点字つき絵本の出版と普及を考える会
点字つき絵本・さわる絵本のリスト
https://tenji.shogakukan.co.jp/list.html

出版社から販売されている点字つき絵本を紹介するほかに、出版社から販売されている、さわる絵本もリストで紹介している。

公益財団法人ふきのとう文庫
http://fukinotou.org/

日本ではじめて布の絵本をつくりはじめた図書館。『手づくり布の絵本：子どもの世界を広げる布の絵本のつくり方』（偕成社、1979）で、つくり方を解説する本を制作、全国の図書館などで借りることができる。布の絵本の一部は、テキスト・制作セット・完成本（公共施設のみ）の販売もしている。

有限会社読書工房
https://d-kobo.jp/

読書バリアフリーの実現をめざし、さまざまな形のバリアフリー図書を企画・制作している会社。ウェブサイトで、大活字本や障がいのある人のサポートに関する本などを販売している。

社会福祉法人日本点字図書館
にってんキッズページ
https://www.nittento.or.jp/about/kids/index.html

日本点字図書館の紹介や、点字の歴史やしくみ、目の不自由な人に会ったときにどうするのがよいのかなど、子どもにもわかりやすく紹介している。

りんごの棚からはじまる インクルーシブ社会

りんごの棚をつくってみて、だれもが読書を楽しめる世界を、みんなに伝えることが大切だとわかったよ。

じゃあ、読書以外のことでは、すべての人がちがいをみとめあい、楽しめる世界になっているかな？

車いすの人だと入り口がせまくて、入りにくいお店があった！

完全にだれもが楽しめるようになっているとは、いえないね。

そうだね。りんごの棚はインクルーシブ社会（→32ページ）を考えるきっかけ！りんごの棚をつくっておわるのではなく、そこからインクルーシブ社会の実現に向けてできることをやっていこう！

監修　NPO法人ピープルデザイン研究所 りんごプロジェクト

だれもが読書を楽しめる社会を目指し、アクセシブルな図書の体験会や研修会を全国各地で開催。公共図書館・学校図書館に「りんごの棚」を広げながら、「読書バリアフリー」を推進している。文部科学省が推進している障害者の生涯学習の一環として、アクセシブルな図書の普及を通じた共生社会の実現に向け、取り組みを進めている。
URL：https://www.peopledesign.or.jp/action/ringoproject/

クリエイティブディレクション	戸取瑞樹(株式会社MUZIKA)
アートディレクション	藤江淳子(株式会社MUZIKA)
デザイン	關根 彩(株式会社MUZIKA)
イラストレーション	本文　中山佐奈美(株式会社MUZIKA)
	ピクトグラム　倉本大豪(株式会社MUZIKA)
DTP	山名真弓(Studio Porto)
校正	株式会社夢の本棚社
取材協力(五十音順)	佐藤美弥子、渋谷区立神南小学校、東京都立日野高校、豊島区立中央図書館、八潮市立大瀬小学校、横浜市立青木小学校、横浜市立幸ケ谷小学校、横浜市立大道小学校、横浜市立本牧南小学校
編集・制作	株式会社KANADEL

写真提供・協力(五十音順)
株式会社あかね書房(P33)、株式会社Gakken（P33）、株式会社樹村房(P33)、株式会社せせらぎ出版(P33)、公益財団法人三重県国際交流財団(P29)、国立国会図書館(P17 みなサーチ)、サピエ図書館(P17)、社会福祉法人日本点字図書館(P17 サピエ図書館)、新宿区立戸山図書館(P29)、日本国際児童図書評議会(P34)、練馬区立図書館(P29)、有限会社読書工房(P33)、横浜市中図書館(P31)

りんごの棚と読書バリアフリー③
読みやすい本を広めよう！

2025年1月　初版第1刷発行
2025年5月　初版第3刷発行

発行者　吉川隆樹
発行所　株式会社フレーベル館
　　　　〒113-8611 東京都文京区本駒込6-14-9
　　　　電話 営業 03-5395-6613
　　　　　　 編集 03-5395-6605
　　　　振替 00190-2-19640
印刷所　TOPPANクロレ株式会社

Ⓒフレーベル館 2025
Printed in Japan
フレーベル館出版サイト　https://book.froebel-kan.co.jp
乱丁・落丁本はおとりかえいたします。
ISBN978-4-577-05314-0
36P　／　26×21cm　／　NDC 379

バリアフリー図書の入手に役立つウェブサイト

国立国会図書館「みなサーチ」
https://mina.ndl.go.jp/

日本図書館協会障害者サービス委員会
「障害者サービス用資料の購入・入手先一覧」
https://www.jla.or.jp/portals/0/html/lsh/shiryolist.html

サピエ図書館
https://www.sapie.or.jp/

ハートフルブック
https://heartfulbook.jp/

※上記のウェブサイトは2024年12月時点の情報です。

本書のコピー、スキャン、デジタル化等無断で複製することは、著作権法で原則禁じられています。また、本書をコピー代行業者等の第三者に依頼してスキャンやデジタル化することも、たとえそれが個人や家庭内での利用であっても一切認められておりません。さらに朗読や読み聞かせ動画をインターネット等で無断配信することも著作権法で禁じられておりますのでご注意ください。

だれもが読書を楽しめる世界へ
りんごの棚と読書バリアフリー

1 自分にあった読み方ってなんだろう?

2 読みやすい本ってなんだろう?

3 読みやすい本を広めよう!

オリジナルキャラをつくって、身近で親しみのあるりんごの棚に！

横浜市立本牧南小学校（神奈川県）では、「シトりんプロジェクト」（→28ページ）のイメージキャラクターを、全校児童から募集した。200以上のキャラクターから児童たちの投票で決まった「シトりん」は、りんごの棚に親しみを感じてもらうだけでなく、本の貸し出し増加にもつながった。

本牧南小学校のキャラクター「シトりん」。プロフィールは図書委員の子どもたちで考えたんだって！

図書館のオリエンテーションでりんごの棚を紹介！

図書館の使い方を説明するオリエンテーションなどで、りんごの棚やバリアフリー図書について説明をする。子どもだけでなく、先生もいっしょに情報を共有できる。

りんごの棚の案内マップ

図書館のどこにりんごの棚があるかが一目でわかるよう、りんごの棚の位置を示す手づくりのマップを用意するとよい。学校図書館の入り口にはるなどすることで、りんごの棚の存在を伝えることができる。

もっと知りたい！
りんごの棚の活動アイデア